RÉFLEXIONS

D'UN VIEUX ROYALISTE

SUR

LES CIRCONSTANCES PRÉSENTES.

Fidélité au Roi et à la monarchie.

PARIS,

Chez
- C. L. F. PANCKOUCKE, imprimeur-libraire, rue Serpente, n. 16.
- LENORMAND, rue de Seine ;
- DENTU, PETIT, DELAUNAY, PÉLISSIER, au Palais-Royal ;
- PILLET, rue Christine, n°. 8 ;
- VERDIÈRES, quai des Augustin, n°. 27 ;
- Et tous les Marchands de nouveautés.

1815.

PRÉFACE.

L'auteur ne répond que de la bonne foi de ses intentions; il livre le reste à la critique.

> *Scribere jussit amor et patriæ*
> *et regis.*

REFLEXIONS

D'UN VIEUX ROYALISTE

SUR

LES CIRCONSTANCES PRÉSENTES.

Fidélité au Roi et à
la monarchie.

Iɪ me semble que l'on pourrait répondre aux détracteurs de Louis XVIII, ce qu'un ancien répondit à des accusateurs tarés dont les intentions perfides, contre le souverain, étaient connues : *Qui est-ce qui l'accuse ?*

Si chacun était à portée de s'instruire des actions dont se compose la vie de ceux qui ont conspiré contre notre Roi, je ne crains pas d'affirmer que l'on serait dispensé de faire l'examen des fautes qui lui ont été reprochées ; mais une classe nombreuse de ses sujets a été égarée, et s'est rendue complice, par séduction ou par ignorance, du renversement de l'autorité légitime ; et c'est à cette classe, peut-être encore aujourd'hui plus repentante que désabusée, que nous allons adresser quelques réflexions dans la double vue de rendre justice à un souverain, victime de ses vertus, et de prévenir le retour des mêmes erreurs dans des circonstances de pareille nature que peuvent ramener les événemens qui se préparent.

CHAPITRE PREMIER.

Examen des reproches faits à Louis XVIII.

Louis XVIII, en montant sur le trône de ses ancêtres, ne porta ses regards que sur les changemens qu'avait opérés la révolution dans le gouvernement dont il prenait les rênes. Il n'aperçut point ou ne voulut pas apercevoir les effets qu'elle avait produits sur le caractère national. Ce monarque ne pouvait juger, disons-le à sa louange, du degré de perversité d'une nouvelle espèce d'hommes qu'elle avait enfantée, et cette impuissance a été le principal écueil d'un système de conduite adopté dans un esprit de modération, et surtout de conciliation presqu'impraticable. Louis XVIII ne reprit l'autorité souveraine que pour pardonner et se faire aimer; il se proposa de ne l'exercer que d'après des lois et des principes consacrés dans une charte où, comme dit Sénèque en parlant des lois du créateur, « il ne voulut commander une fois que pour obéir toujours ». Tous les partis devaient trouver leur avantage dans ces intentions et dans ce bienfait; mais les auteurs ou les partisans de la révolution n'ont pas calculé ainsi, et l'établissement d'un nouvel ordre de choses ou de principes, qui fermait la porte aux troubles, qui réprouvait les maximes d'immoralité et d'impiété, enfin qui excluait les grands coupables des emplois publics, leur a paru un attentat contre leurs droits, et même une calamité qui menaçait la prospérité nationale. Toutes sortes de manœuvres, de corruptions et de perfidies ont été mises en usage afin de populariser leur mécontentement et de corrompre l'opinion publique. Tous les instrumens dont on s'était servi pour renverser le trône de Louis XVI ont été employés pour saper celui de Louis XVIII. La faction buonapartiste résolue d'être mécontente de tout, a tout décrié, tout blâmé, et n'a prétendu voir que fausseté dans les promesses, illusion dans les bienfaits, ignorance et incapacité dans l'administration. Ce coupable système a été suivi avec une persévérance et une habileté qui ont grossi la bande des conjurés d'une foule

1.

d'imprudens déclamateurs. Ceux-ci ont d'abord infiniment nui, par les alarmes qu'ils ont répandues et par la stupeur où ils ont jeté le gouvernement à l'instant du danger ; puis ils ont fini par faire cause commune, sans le vouloir, avec leurs ennemis. La tactique des révolutionnaires a été d'employer tout leur art à aigrir, l'une contre l'autre, les différentes classes de la société que certaines prétentions ou certains intérêts mettaient en rivalité, telles que les acquéreurs de biens nationaux et les anciens propriétaires, ceux qui avaient émigré et ceux qui n'étaient pas sortis de France, les militaires de l'ancienne armée et ceux de la nouvelle, etc., etc., etc. Ils s'appliquaient en outre à inspirer des doutes sur la bonne foi du Roi, qu'ils accusaient de prédilection pour les prêtres, les Vendéens, les émigrés rentrés avec lui, et surtout de l'intention d'éluder la charte en faisant intriguer ses ministres dans les deux chambres, et n'exigeant pas que les princes de sa famille reconnussent la validité de cet acte par un serment solennel. Enfin les conspirateurs ont tiré grand parti des dispositions de l'armée, en irritant l'humeur qu'elle pouvait ressentir de la présence des troupes étrangères dans la capitale et de l'abandon qu'on avait fait de ses conquêtes par le traité de Paris, malgré que ses derniers revers eussent nécessité ee sacrifice, en mettant les deux tiers de la France à la discrétion des puissances alliées. Les agens de la faction, ainsi coalisés avec les mécontens de l'armée, ont travaillé d'accord et sans relâche à désorganiser le gouvernement, et à le discréditer jusqu'à ce que le moment de lui porter le dernier coup fût arrivé. L'armée a murmuré de ce que d'anciens officiers, qu'avaient destitués les lois révolutionnaires, reprenaient l'habit uniforme, ce qui était une conséquence naturelle du retour du Roi. On a vu des militaires irréfléchis ridiculiser de vénérables vieillards, des serviteurs fidèles, et apprendre ainsi, à leurs enfans, à les mépriser eux-mêmes un jour lorsque des cheveux blancs couvriront leurs cicatrices. D'autres ont poussé, jusqu'à l'indécence et à l'insurrection, le mécontentement qu'ils éprouvaient d'être réduits à la demi-solde par suite des réformes qu'occasionnaient, dans l'armée, l'état des finances et une paix générale. La faction, soigneuse d'éveiller toutes les jalousies et d'irriter toutes les vanités, se récriait hautement sur ce que le Roi avait nommé, aux places principales de sa maison, d'anciens titulaires dépouillés de leurs fortunes; elle signalait, dans ces choix, des préférences humiliantes qui tendaient à rétablir l'ancienne féodalité : la concurrence des courtisans de Buonaparte avec ceux de Louis XVIII, pour les emplois de la cour, devant être regardée comme le meilleur garant des opinions politiques du Roi. Les conspirateurs ont tiré un grand parti de l'esprit d'impiété répandu aujourd'hui dans toutes les classes de la nation; pour présenter les pratiques de religion observées par la famille royale, comme l'effet du bigotisme et l'augure du retour de la puissance du clergé et de l'influence des prêtres. Si un curé de village, privé presque du nécessaire, a proféré le mot de dîmes, il s'est vu aussitôt dénoncé comme un missionnaire du souverain, chargé de préparer les esprits au rétablissement de cette redevance. Des soupirs échappés, ou plutôt les gémissemens de la faim que quelques malheureux propriétaires poussaient à la vue de leur ancien patrimoine, ont été dénoncés comme une conspiration contre ses acquéreurs; et ceux-ci ont accusé le bon Roi de complicité, parce qu'il ne réprimait pas des plaintes si coupables à leurs yeux. Le système de la faction était de le rendre responsable du mal qu'elle affectait de voir en tout, pour tenir les esprits dans un état de fermentation propre à favoriser une catastrophe qu'elle désirait. Elle a été merveilleusement servie, il faut en convenir, par l'inquiétude et la crédulité publiques; elle devait trouver, dans les dupes et les mécontens, de puissans auxiliaires pour l'exécution de ses perfides projets; toutes les classes de la société lui en ont fourni; il en est une qu'on ne saurait s'empêcher de plaindre en blâmant son imprudence, c'est celle qui, long-temps victime de son dévouement à la cause royale, sortit de ses antiques manoirs au moment de l'apparition du sauveur de la France, pour obtenir un regard de sa bonté; de même, qu'après le déluge, la seule famille, échappée à ce fléau, quitta l'arche pour jouir de la délivrance de la terre. Cette classe, peu jalouse des préférences et des grâces accordées à un parti qu'elle savait ne pouvoir être gagné qu'à force de concessions, n'ambitionnait en général que des décorations dues à d'anciens services, ou quelque léger dédommagement de la perte de ses biens, et surtout le bonheur de pouvoir dire à son retour dans ses foyers : *J'ai vu le Roi; le Roi m'a parlé.* Trompée dans un espoir si légitime par l'effet d'un système de circonstance, ou de l'importance non moins funeste que ridicule de quelques entours du Roi, plus occupés de se faire valoir eux-mêmes que de le faire aimer, elle a exprimé, trop souvent peut-être, le mécontentement qu'elle ressentait d'un nouvel ordre de choses, qui, en sanctionnant sa ruine et la perte de son ancienne existence, ne lui laissait aucune

perspective de compensation. Ces plaintes, échap-
pées à l'amour-propre déçu ou à la fidélité mé-
connue, ont d'abord grossi le torrent des ru-
meurs qui circulaient dans la capitale, et se sont
propagées bientôt dans les départemens dont
elles ont refroidi le zèle pour les intérêts du
monarque. Ce déplorable résultat s'est surtout
fait remarquer à l'époque de l'apparition de Buonaparte sur notre sol ; on n'a plus trouvé, dans
les provinces les plus loyales, que de stériles
vœux en faveur de l'autorité et de la personne
du Roi, lorsqu'il eût fallu des actions énergi-
ques pour sauver l'une et l'autre.

Le choix des ministres de S. M. a fourni un
vaste champ à la censure et aux déclamations
du parti, quoiqu'il n'eût été fait, comme tout
le monde a pu le juger, que d'après l'influence
de l'opinion publique ; les ministres ont montré,
sans contredit, une capacité bien au-dessous de
l'attente générale ; mais ce n'est pas le roi qui
s'est trompé dans cette occasion, puisque MM.
Ferrand, de Montesquiou et Dambray étaient
recommandés par une probité reconnue et par
des talens souvent célébrés. Il est plus juste
de n'attribuer, en grande partie, leur mauvais succès qu'au malheur des circonstances, et
de croire que de plus habiles n'auraient pas mieux
réussi.

Si les sujets mal intentionnés qui ont fait des critiques si amères et si injustes du gouvernement, avaient été dignes de leur Roi, ils auraient vu dans les dispositions de la charte que ce prince leur avait octroyée, le principe de tous les biens qu'ils désiraient, et dans la loyauté de son caractère, une garantie de l'exécution rigoureuse de ce pacte. Les questions de la liberté de la presse et de la stabilité des ventes de biens nationaux, n'eussent donné lieu à aucun trouble, ni même à aucune discussion, on n'aurait pas conclu de quelques expressions inconsidérées de M. Ferrand, l'intention de porter atteinte au droit des nouveaux propriétaires ; nous ne pensons pas qu'il y ait, dans tout ce que ce ministre a dit sur cette matière, rien qui ait dû inspirer des alarmes aux acquéreurs ; la distinction qu'il a prétendu établir, entre les différentes classes de royalistes ou d'émigrés, peut seule l'exposer à de justes reproches. L'objet de ses constantes sollicitudes et de celles de beaucoup de membres des deux chambres, a été de trouver un expédient qui pût concilier la tranquillité des possesseurs actuels avec le soulagement des expropriés. Disons-le avec franchise, le courage a manqué dans cette occasion à ces amis du bien public, pour proposer l'unique mesure qui fût propre à déterminer ce double et heureux résultat; qui n'ose pas être juste par crainte du danger, doit se réduire au silence ou à l'inaction; tromper le public n'est que prolonger le trouble et l'inquiétude, jusqu'à ce que l'excès du mal oblige de faire connaître la vérité toute entière. On ne saurait se dissimuler que le seul moyen de résoudre définitivement la question dont il s'agit, serait d'amener une composition amiable des nouveaux propriétaires avec les anciens. La voie des dédommagemens accordés par le gouvernement, ne peut être considérée que comme un palliatif. Ce n'est pas détruire le vice du principe, qui expose toujours la conscience de l'acquéreur au tourment de l'origine de sa propriété, et frappe en outre celle-ci d'un véritable discrédit.

La liberté de la presse, autre sujet de grande rumeur, fournit encore un exemple frappant de la mauvaise foi des séditieux. Comme il y a peu de questions d'intérêt politique aussi compliquées que celle-là, à cause des abstractions dont elle est susceptible, ils ont mis à profit, lorsqu'on la discutait, toute la puissance de leurs moyens pour égarer l'opinion. La lutte qui a eu lieu entre M. l'abbé Montesquiou et les chambres pour obtenir une modification de l'article de la charte qui déclare la presse indéfiniment libre, a été signalée comme un attentat contre la liberté publique et un indice de la mauvaise foi du Roi. Quelles que soient la légèreté et l'insouciance dont son ministre ait encouru le reproche, on ne peut lui refuser de s'être conduit, dans cette occasion, avec une prudence éclairée et un zèle digne d'éloges. Obligé de combattre contre des adversaires qui opposaient, aux argumens de la raison et de la vérité, toute l'artillerie des idées libérales et les clameurs des factions, il a obtenu, par une loi provisoire, une composition favorable à la cause qu'il défendait. Les apôtres de la démocratie, qui s'embarrassent peu de tout renverser pourvu qu'ils ayent le droit de tout dire, ont gémi de ce succès. Heureux cependant si, à l'époque où la discussion sur cette loi se renouvellera, ses défenseurs peuvent en obtenir l'adoption définitive! Quelles craintes n'inspire pas, pour les bonnes mœurs, la paix des familles et l'union des ménages, la facilité de répandre, sans argent ni talent, dans des feuilles volantes, toutes les semences de trouble, de haine et de scandale? On ne peut raisonnablement envisager la concession d'une liberté indéfinie de la presse, que comme un privilége de pouvoir se nuire. On ne sentit jamais mieux qu'aujourd'hui, sans doute, qu'il convient de mettre un frein à la fureur de déclamer, au penchant à calomnier, et à la vénalité,

plus dangereuse encore , qui forme le patrimoine de ces folliculaires sortis en foule du chaos
de la révolution. Les écrivains de ce temps,
appelés à juste titre par lord Castelreagh , *aven-
turiers politiques* , se sont beaucoup occupés
de constitution pour notre malheur; ils ont ap-
pliqué tout leur talent à la rédaction d'articles
isolés de pactes constitutionnels, sans avoir exa-
miné au préalable jusqu'à quel point le système
représentatif peut convenir à un pays où la puissance militaire est nécessairement dans les mains
du souverain, comme cela existe chez toutes les
nations du continent (1). Les spéculateurs politiques de nos jours, prenant leurs passions pour
des lumières, et leur bien être particulier pour
des besoins publics, ont dédaigné les opinions
d'un siècle (2), où les hommes de leur profes-
sion n'eurent d'autre objet que d'éclairer et de
former à la vertu, et attachèrent trop de prix à
la dignité personnelle, pour chercher à s'élever
en risquant de tout confondre et de tout dé-

---

(1) Lorsqu'il sera démontré que l'on peut empêcher
un souverain de commander ses armées en personne,
nous croirons à la possibilité d'introduire en France, avec
succès, les principes et les formes du gouvernement représentatif.

(2) C'est du siècle de Louis XIV que je veux parler.

truire. Ce délire de la vanité a produit, depuis vingt-cinq ans, un abus de raisonnement et une stérilité de sentiment qui doit nous faire convenir que jamais l'on n'a plus déraisonné ni moins senti, en admettant que la sensibilité ne consiste pas dans des paroles, et la bonne politique dans des commentaires du droit naturel.

Les torts des princes de la famille royale tiennent une place considérable dans l'acte d'accusation dressé par les conspirateurs. L'animosité publique a été dirigée contre ces princes avec un succès qui n'a que trop répondu aux vues des détracteurs du gouvernement. Sans les absoudre de toute espèce de blâme, on peut dire pour leur justification que les reproches qu'ils ont encourus sont bien plus la conséquence du système adopté par eux, que l'effet de leurs dispositions naturelles. Le plan de popularité qu'ils s'étaient fait, d'après des inspirations de bonté et de bienveillance, a produit, ainsi qu'on l'a vu, un résultat bien différent de celui sur lequel ils avaient compté. Le roi qui, attendu son état habituel d'infirmité, ne pouvait ni visiter les provinces, ni inspecter les troupes, encore moins suffire à l'immensité des réclamations auxquelles les circonstances donnaient lieu, crut ne pouvoir mieux faire que de confier aux princes de sa famille une portion de l'exercice des fonctions royales. Il pensa que c'était, en quelque sorte, se multiplier lui-même, que de les rendre les agens de sa bienfaisance. Ces princes, de leur côté, animés des intentions les plus pures, avides de connaître une nation dont de longs malheurs les avaient séparés, et d'obtenir son amour, flattés d'être chargés d'opérer, pour ainsi dire, une réconciliation de famille dont ils sentaient l'importance, crurent y parvenir plus sûrement en rendant leur abord facile, et ne sentirent pas assez le danger de multiplier les audiences publiques. O déplorable fatalité! les soins les plus délicats, les mesures les plus tutélaires, après dix mois d'épreuves pénibles et d'obsessions continuelles, n'ont enfanté qu'un jugement rigoureux et irréfléchi, sur les vues, les facultés, et le caractère de personnages aussi dignes de reconnaissance que de respect, qui succombaient sous le poids de l'indiscrétion et de l'importunité de toutes les administrations, de tous les tribunaux, de toute l'armée ; ils ont été jugés comme des particuliers qui n'auraient eu qu'un intérêt à soigner, qu'un devoir à remplir. L'humeur, la mauvaise foi, la légèreté dans les engagemens qu'on leur a reprochées, doivent être attribuées à l'inconséquence, à l'inimitié, à l'esprit de sédition et aux difficultés de la tâche qu'ils avaient entreprise. Jamais leçon ne fut plus sévère , jamais la justesse de l'axiome *Major e longinque reverentia* , ne fut plus complétement démontrée. On ne peut connaître les hommes, et les Français surtout, sans être convaincu que la considération n'est de leur part, s'il est permis de hasarder cette métaphore , qu'un sentiment de perspective. La trop grande facilité d'approcher nos princes les a mis dans l'alternative d'accabler les ministres de demandes importunes ou de voir la sincérité de leurs promesses revoquée en doute par la foule des solliciteurs dont ils étaient poursuivis sans relàche.

Il n'est pas nécessaire de multiplier davantage nos observations sur les reproches que la faction buonapartiste a faits à Louis XVIII, pour démontrer que le seul objet des détracteurs de ce monarque était de produire et de maintenir un mouvement intestin propre à favoriser la catastrophe qu'ils méditaient. On ne saurait voir , au surplus, dans l'énumération que nous avons faite des reproches et des torts qu'ils énoncent, aucun motif d'attenter à l'ordre public et de conspirer contre l'autorité rétablie dans les mains d'un souverain légitime, pour terminer notre désastreuse révolution, prolongée par l'abus de la toute puissance dont elle avait investi l'oppresseur le plus ambitieux qui fut jamais.

CHAPITRE II.

Examen des véritables causes de l'événement du 20 mars 1815.

Quand on se demande qui a pu concevoir la coupable pensée de reproduire l'horrible fléau de la révolution, qui a été assez téméraire et assez criminel pour l'avoir entrepris, on rentre en soi-même, on frissonne d'horreur, et l'on gémit sur l'espèce humaine ! Si les conspirateurs de 1789 furent des insensés, ceux de 1815 sont des monstres ; et il est du devoir comme de l'intérêt de tout homme à qui la corruption de l'esprit public n'a pas ôté toute énergie ou toute sensibilité, de les signaler comme les plus cruels ennemis de l'ordre social, tant est grand le mal qu'ils ont fait par un excès d'abjection, de haine ou d'immoralité....... Des magistrats, des administrateurs, des militaires maintenus dans leurs charges, dans leurs places, dans leurs emplois, tous liés au légitime souverain par de nouveaux bienfaits, par de nouvelles dignités, par les sermens les plus solennels, ont été les auteurs de cette conception non moins stupide que criminelle ; ils ont joint, à la bassesse de la trahison et de l'ingratitude, l'injustice d'accuser une cour, que souillait leur présence, de favoriser d'anciens serviteurs qu'elle ravalait jusqu'au point de les confondre avec ses plus implacables ennemis. A qui était-ce à se plaindre? La classe fidèle, en sentant l'affront qu'on lui faisait, s'est résignée, sans murmure, à un sacrifice qui entrait dans les vues du Roi; mais aujourd'hui que le vice du précédent système est reconnu, il convient de dire hautement qu'un second essai des mêmes mesures serait aussi cruel qu'impolitique.

Tant de perversité dans la conduite des agens politiques ou directeurs de la conspiration, peut s'expliquer par la dépendance où ils étaient des crimes qu'ils avaient commis, comme le dit Tacite en parlant de Néron. Mais la trahison d'une armée, d'une armée française, naguère le modèle de la fidélité! à quoi l'attribuer? Il est essentiel qu'on le sache, car il serait trop cruel de penser que cette tache n'est pas étrangère au caractère national : l'influence de trop longues habitudes militaires, n'en doutons pas, a pu seule produire ce phénomène inoui dans nos annales: il est démontré pour tout observateur attentif que l'abus de la guerre, dégradant l'esprit des hommes, les conduit progressivement à un degré d'ignorance et d'insensibilité qui détruit en eux

2

jusqu'à l'instinct du juste et de l'injuste, et réduit leur morale, ainsi que leur logique, au mérite de se bien battre et d'obéir passivement à leurs Chefs. O Guesclin ! ô Bayard ! ô Monluc ! que la gloire de votre temps était différente ! vous vécûtes *sans peur et sans reproche*, et vous mourûtes fidèles à votre roi ! Quelle est votre gloire, Français d'aujourd'hui ? Vous avez ravagé le monde ; ses dépouilles ont flétri vos lauriers ; vous êtes restés fidèles, à qui ? à Buonaparte !

Après avoir répondu aux injustes reproches articulés sans relâche par les factieux pour affaiblir la considération due au Roi, et finalement détruire son autorité, il ne reste plus qu'à rechercher les véritables causes qui ont opéré d'une manière si subite et si inattendue la chute d'un trône dont la conservation faisait le vœu des neuf dixièmes de la nation, et qui semblait suffisamment affermi sur ses bases par le double poids de la légitimité et de l'intérêt général. Ces causes sont aussi utiles à connaître pour désabuser la classe de la nation égarée par les calomnies des conspirateurs et les clameurs des mécontens que pour prévenir le retour des fautes qui ont, pour ainsi dire, recommencé la révolution, en perpétuant l'influence de ceux qui l'avaient faite.

Des calomnies, des clameurs ne détruisent

pas seules un gouvernement, du moins un gouvernement conduit avec habileté et défendu
avec énergie; il n'en est presque aucun qui pût
exister six mois, s'il devait succomber sous de
pareilles atteintes. Un tiers au moins de la nation
anglaise fronde, dénonce, injurie l'administration, se plaint du souverain, accuse le parlement,
menace de tout renverser, se montre enfin dans
un état de fermentation qui ferait croire à ceux
qui ne connaissent ni le pays ni le caractère national, que tout va crouler. Eh bien! ces orages
si violens se résolvent en rosée; le vaisseau fait
route au milieu de la tempête, et arrive sain et
sauf au port. Ce sont des causes plus graves qui
ont opéré la fatale catastrophe du 20 mars; on
l'aperçoit dans le vice du système adopté, dans
l'insuffisance des ministres, qui n'ont su ni
en prévenir ni en réprimer les conséquences.
Louis XVIII, confiant dans la droiture de ses
intentions et dans les dispositions favorables d'un
peuple qu'il croyait fatigué de guerre, de crimes
et de tyrannie, s'était flatté que la bienfaisance et
le pardon suffisaient pour faire respecter et ché-
rir son autorité. Les buonapartistes se rangèrent
autour du trône royal avec une ardeur propre à
persuader qu'ils abonderaient facilement dans les
vues du monarque; mais l'honneur d'être dignes
de ses bienfaits, de mériter son estime et celle

des honnêtes gens, était un bien auquel, à quelques exceptions près, ils ne tardèrent pas de reconnaître qu'ils aspiraient en vain, et cette humiliante certitude reporta leurs regards vers un ordre de choses où la nature des individus leur permettait de compter sur une considération égale à leur fortune. Le calcul de la vanité, appelé si justement le *mal français* (1), l'emporta sur le cri de la raison et de l'honneur (2), et dès lors la chute du trône de Louis XVIII fut résolue (3). Les conjurés de toute espèce, militaires,

---

(1) Se croire un personnage est fort commun en France,
    On y fait l'homme d'importance,
    Et l'on n'est souvent qu'un bourgeois:
    C'est proprement le mal françois,
La sotte vanité nous est particulière.
Le Rat et l'Éléphant, Fab. 15, liv. 8.

(2) Un député révolutionnaire de l'Assemblée constituante, connu vulgairement sous le nom du *spectre de la liberté*, et devenu fameux depuis par sa fidélité à ses principes, a dit qu'il fallait déshonorer l'honneur; qu'il était trop gênant pour la révolution : il a si bien réussi, qu'on peut croire que c'est aujourd'hui un sentiment inconnu.

(3) Les effets de la démocratie, sur le caractère d'une nation vaniteuse, ne permettent pas de calculer jusqu'où peuvent aller ses malheurs; condamnée à déplacer sans cesse ses opinions politiques, comme Sisyphe à rouler

démocrates , acquéreurs de biens nationaux ,
antiprêtres , travaillèrent à l'envi et de concert ,
sous la direction de leur ancien chef, plus maître,
dans l'île d'Elbe, de la couronne de France, que
le prince qui la portait , à accomplir leurs crimi-
nels projets ; ils mirent à profit l'imprudence que
les monarques coalisés avaient faite en rétablis-
sant le souverain légitime , de s'intéresser au
maintien des agens de l'usurpateur dans les places
qu'ils occupaient ; ce qui donna lieu de dire qu'*il
n'y avait en France que Louis XVIII de plus, et
Buonaparte de moins.* Par cette composition avec
les circonstances, le Roi , laissé à la discrétion des
amis de Buonaparte, ne put raisonnablement être
considéré que comme un administrateur de son
royaume, dont l'autorité cesserait dès qu'il plai-
rait à la faction de la révoquer. Le péril de cette
position était sensible pour tout le monde, et
faisait prévoir de grands malheurs. Les ministres
ont d'abord méconnu le danger, et ensuite trop
connu la crainte. Ils n'ont rien vu, rien senti,
rien écouté, rien su empêcher, et le 35me Roi
de la race des Bourbons est descendu de son

---

son rocher, elle succombera plutôt sous l'abus des expériences des constitutions démocratiques, que d'adopter des opinions analogues au gouvernement que sa position lui prescrit.

trône comme par la volonté du destin. Certes ,
on ne peut blâmer le gouvernement de n'avoir
pas commencé par licencier les troupes, véritable source du mal , car il aurait fallu une armée
fidèle pour dissoudre une armée en révolte , et
cette ressource n'existait pas depuis le départ des
étrangers ; ce n'était donc qu'en exerçant la sur-
veillance la plus active sur toutes les manœuvres
des révolutionnaires en général , et sur les mouvemens de l'ex-empereur en particulier, que l'on
eût pu détourner la catastrophe qui devait natu-
rellement résulter de cet état de choses. Quelque
puissantes que fussent les armes de la faction , il
est permis de croire que si les ministres n'eussent
pas été comme frappés d'un esprit d'*imprudence
et d'erreur*, le tigre déchaîné ne serait pas venu
assouvir ses nouvelles fureurs sur notre sol ; mais
les hommes que leurs places appelaient à sou-
tenir le trône ont négligé cette noble tâche, et il
a été renversé, lorsqu'il eût suffi d'un ministre
prévoyant et actif pour prévenir sa chute, et
d'un régiment fidèle pour l'empêcher.

S'il faut convenir, à la honte de la nation, que
le Roi le mieux intentionné et le plus fait pour
cicatriser les plaies de la révolution , a été préci-
pité du trône antique de ses aïeux par la trahison
de l'armée et l'ingratitude d'un parti , non-seule-
ment absous de ses crimes, mais aussi maintenu

dans les jouissances qu'ils lui avaient procurées, il est consolant de penser qu'un si noir attentat doit être moins attribué à la nature du caractère originel des Français qu'à l'influence de la révolution de 1789, qui les a rendus si différens d'eux-mêmes ; ce n'est qu'en remontant à cette époque fatale que l'on peut juger de toute la perversité des hommes qu'elle a produits et de la profondeur de l'abîme qu'ils ont ouvert. L'insuffisance de leurs moyens pour exécuter le grand et désastreux projet qu'ils avaient conçu, leur suggéra celui de préparer, par une révolution dans les idées, celle qu'ils voulaient faire dans les choses. La propagation des opinions démocratiques, du droit naturel ou des idées libérales, fut le puissant dissolvant dont ils se servirent pour dénaturer les principes, diviser les intérêts, troubler les esprits, enfin discréditer toutes les institutions antiques sur lesquelles reposaient les bases de la monarchie. Des partis aussi avides de fortune que d'égalité, et de pouvoir que d'indépendance, naquirent bientôt de cette dissolution morale et politique. Le chaos se fit, et de là tous les fléaux qui affligent la société depuis vingt-cinq ans, et dont le terme ne peut être assigné ; la durée de leur influence sur les mœurs et sur les caractères étant incalculable. Quelles craintes ne doivent pas inspirer l'esprit d'insubordination et d'impiété qui infecte toutes les classes, le relâchement des liens de famille, l'indépendance des enfans, cette soif excessive de richesses et de places, que l'on ne rougit pas d'acquérir par des moyens vils, et de conserver par des trahisons et des parjures ? Voilà sans doute les conséquences les plus funestes de la révolution ; il ne faudrait pas moins qu'une régénération complette pour ramener aux principes de raison et d'honneur qui ont fait si long-temps la considération et la prospérité de notre pays. Le système qui a tout détruit avec une merveilleuse activité, qui précipita Louis XVI du trône, et combla les vœux des révolutionnaires, a eu des effets aussi funestes à leur repos, à leurs fortunes, et même à leurs personnes : presque tous ont passé comme des ombres dans les emplois et les dignités, et ils n'ont transmis à leurs successeurs que de nouvelles difficultés à vaincre, de nouveaux forfaits à commettre, et des périls semblables à braver ; Buonaparte lui-même, héritier de tous les partis, vient d'être victime, pour la seconde fois, des principes désorganisateurs ; il pouvait arrêter la révolution au lieu de la perpétuer, mais il a jugé nécessaire d'en faire usage pour insurger d'abord toutes les nations, asservir ensuite tous les souverains, et réaliser ainsi son projet de domination universelle. Il lui restera la seule

honte d'une ambition si folle et si perverse ; son
sort sera celui des insensés qui ne s'élèvent que
pour tomber, et dont la gloire n'est, comme dit
Salomon, qu'ignominie : *stultorum exaltatio
ignominia* (Eccles.).

Louis XVIII, en recueillant les débris de la
révolution française et se livrant à l'imprudente
confiance d'en adopter les enfans pour s'en servir comme instrumens de ses projets régénéra-
teurs, a été séduit par l'opinion que les moteurs
des désordres publics devaient être les plus propres à les apaiser : les funestes effets de cette
erreur montrent combien elle était grave. On ne
peut confier aux vents le soin de calmer les
tempêtes. L'existence politique des factieux est
incompatible avec un état de choses paisible et
régulier ; le mépris qu'ils inspirent et qui leur est
connu, les excite sans cesse à troubler l'ordre,
et ils ne trouvent une solide garantie de la considération qu'ils veulent obtenir et des biens dont
ils jouissent, que dans la dépravation générale
et la complicité du chef de l'état. Buonaparte
était donc par excellence le maître qui convenait
à de pareils serviteurs, et il sera évidemment
l'objet constant des vœux de tous ceux dont la
fortune tire son origine de la révolution. Toute
la capacité de Louis XVIII et toutes ses vertus
devaient être insuffisantes pour lutter contre la

nature des choses. Rétabli sur un trône environné de plus d'écueils que l'humaine prudence ne pouvait en éviter, et de plus d'oppositions qu'il n'avait de force pour les combattre, la catastrophe du 20 mars a été une conséquence naturelle de sa situation. Si les agens de son gouvernement eussent pénétré toute l'étendue du danger, ils auraient senti, de bonne heure, qu'il n'y avait que deux partis à prendre : celui de briser les instrumens révolutionnaires et de faire une refonte générale avec l'assistance des puissances coalisées; ou de se tenir au moins, par toutes les précautions possibles, en garde contre les mouvemens du chef du parti. Louis XVIII s'est livré sans crainte à des ennemis pardonnés; il a cru à l'ascendant de la clémence et de la bonté sur les hommes, sur des Français; mais ces hommes, ces Français, étaient des révolutionnaires, et Buonaparte a obtenu sur lui leur préférence.

Judgement, thou art fled to brutish beast,
And men have lost their reason.

(SHAKESPEARE).

CONCLUSION.

Si nous avons réussi, comme nous osons le croire, à démontrer que le seul moyen efficace

d'arrêter les funestes effets de la révolution serait
la destruction des germes qui peuvent la perpétuer, il résulte de cette preuve la nécessité de
renoncer à la forme du gouvernement représentatif : se persuader que la vanité démocratique
soit plus *désabusée* que son courage n'a été
abattu par les revers qu'elle a éprouvés, est une
illusion dont il faut autant se garantir que de
celle à laquelle Louis XVIII a cédé en pensant
que le pardon des coupables amenerait leur re-
pentir. La vanité ne se décourage pas. Les révolutionnaires rentreront toujours dans l'arène avec
un nouveau zèle, lorsqu'il se présentera une occasion de combattre pour leurs principes. Le
repos de la France, celui de toutes les nations,
car la conspiration des idées libérales est universelle, exige impérieusement le retour aux an-
ciennes formes monarchiques. Cet arrêt paraîtra
sans doute cruel aux adeptes des idées libérales,
et la secte éperdue criera au despotisme, à la
barbarie; mais le temps des expériences philoso-
phiques est passé, et il est arrivé celui où leurs
victimes doivent réclamer, où les droits de la
raison si méprisés, si méconnus, doivent se faire
entendre. Nous voulons aussi la liberté, mais
celle qui peut faire le bien de la patrie; notre
zèle pour sa prospérité n'est point un piége tendu
à la crédulité publique, pour masquer l'amour

du pouvoir, la soif des richesses, les excès d'une
vanité délirante qui fonde ses succès sur le bou-
leversement général. Nous oserons donc élever
la voix pour signaler le danger de maintenir des
institutions politiques dont de certaines considé-
rations ont pu provoquer l'adoption, mais que
la réflexion et l'expérience prescrivent de réprou-
ver comme le germe fécond des maux qui me-
nacent l'ordre social. Ce n'est pas, au surplus,
des formes représentatives que résulte exclusive-
ment la prospérité d'une nation : la bonté d'un
gouvernement réside essentiellement dans le degré de probabilité de sa durée, qui tient à celui
de sa compatibilité avec les circonstances où il se
trouve. La liberté des individus, ainsi que le
prétendent les novateurs, ne doit pas servir de
règle pour déterminer un mode de constitution ;
le salut du pays est la première loi ; les moyens
de l'assurer doivent être calculés d'après son
étendue, sa puissance et surtout celle de ses
voisins. En Angleterre, par exemple, où les
forces navales sont la sauve-garde du pays,
à cause de sa position, on peut croire à la so-
lidité du gouvernement mixte : le souverain, par
la nature de son autorité, n'ayant aucun moyen
de porter atteinte aux institutions politiques ;
l'enthousiasme militaire, effet inévitable du com-
mandement de grandes armées et d'une suite de

victoires, ne lui donne jamais ni le désir ni le pouvoir d'altérer la forme du gouvernement afin d'étendre sa prérogative ; il n'est pour ainsi dire que magistrat, tandis que les monarques du continent sont toujours et nécessairement guerriers ; aucun d'eux ne peut l'être moins que ses voisins, sous peine de décliner dans la balance politique, et même de perdre de sa considération aux yeux de ses propres sujets.

Le mépris pour les circonstances a porté tous nos faiseurs d'épreuves à calquer, plus ou moins, leurs constitutions sur celle de l'Angleterre, qui est sans doute désirable pour tout être pensant, mais qui ne pouvant avoir d'existence solide que dans une île, doit être rejetée par les nations du continent. Les enthousiastes de cette brillante théorie ont beau montrer la possibilité de son application en se complaisant à supposer des séries de souverains doués d'assez de lumières et animés d'assez de patriotisme pour respecter des institutions du choix de la nation qu'ils gouvernent ; des exceptions, par malheur trop rares, justifient seules ce raisonnement ; or la politique ne peut former ses institutions que d'après la règle générale, et ceux qui ont la témérité d'y déroger s'exposent à voir succomber leur pays sous les hasards des expériences qu'ils prétendent faire pour son bonheur. Quel peuple, hélas ! est

plus que nous à même d'apprécier les dange-
reuses conséquences de l'esprit militaire, le parti
que l'on peut en tirer pour altérer les formes
constitutives et les rendre l'instrument des passions d'un seul homme ? Est-il quelqu'un parmi
nous qui ose contester l'influence d'un chef belli-
queux sur une armée conquérante , sur des sol-
dats ivres de carnage et d'orgueil , auxquels
l'habitude d'obéir ôte la faculté de penser, qui
voyent la patrie dans leur général, et leur fortune dans sa puissance ? Quel raisonnement aurait eu assez de pouvoir pour empêcher les sol-
dats de César de passer le Rubicon, ou ceux de
Buonaparte de franchir la Durance ? Il faut nous
garantir d'erreurs dont la gravité est aussi pal-
pable que les suites en seraient funestes ; il faut
profiter de nos anciens malheurs pour en éviter
de nouveaux, et ne pas, encore une fois, bâtir
Chalcédoine, ayant Bysance devant les yeux ,
comme l'a dit le judicieux Montesquieu en ana-
lysant l'utopie de lord Harrington (1).

Nous ne nous dissimulons pas toute la défaveur
que doit encourir la proposition d'un changement dont le principe est tiré d'antiques institutions que les novateurs ont frappées d'anathême ;

---

(1) L'Oceana.

notre patriotisme ne sera pas découragé par cette
réprobation, et nous pousserons le zèle pour
notre pays jusqu'à proclamer le gouvernement
purement monarchique, comme le seul remède
propre à couper le mal dans sa racine ; ce n'est
point, par esprit de représailles contre les idées
libérales, que nous désirons voir rétablir ce gouvernement, mais parce qu'il renferme le principe de tout le bien qu'elles peuvent produire en
prévenant tout le mal qui peut résulter de leur
fausse application, du mauvais usage qu'en fe-
raient la malveillance ou l'inhabileté.

Il n'est aucun publiciste impartial qui n'aper-
çoive dans nos anciens états provinciaux, d'après
celles de leurs attributions qui se rapportaient aux
objets d'administration publique, et notamment
aux impôts, tous les moyens de régler ces derniers selon les besoins de l'état, les facultés des
individus et les ressources du pays, ainsi que de
prévenir l'abus de l'autorité souveraine à cet
égard. On ne peut se flatter de trouver, dans
l'essence du gouvernement représentatif, autant
de volonté ni même de force pour remplir cet
important objet. Les habitans d'une province
sont plus éclairés sur ses localités, et plus direc-
tement intéressés à son bien être, que des chambres de députés, qui sacrifient trop souvent leur
devoir à l'avarice, à l'ambition ou à une soif

immodérée de célébrité, et se renferment dans l'alternative d'une opposition constante et déraisonnable aux vues des ministres et d'une stipulation de leurs propres intérêts, qui suppose en eux un oubli préalable et entier de l'intérêt général. On ne peut croire que M. Walpole qui raisonnait *ex professo* sur cet objet, se soit trompé en disant que le tarif des consciences des membres d'une chambre était toujours dans la poche des ministres.

Si l'article de la sûreté des personnes est hors de la compétence des états provinciaux, la garantie de ce premier des biens s'obtiendrait par l'établissement d'un conseil spécial, protecteur de la liberté individuelle, qui réglerait la latitude de l'arbitraire suivant un rapport combiné de la sûreté générale avec l'intérêt des citoyens. En dernier résultat et aux yeux de ceux qui s'attachent plus au fond qu'à la forme, qui ne prétendent ni spéculer sur les troubles de leur pays ni faire un trafic de leurs talens, le respect des personnes et des fortunes est le principal objet sur lequel il importe de mettre un frein à l'autorité souveraine. Les Anglais de bonne foi, connaisseurs dans cette matière, conviennent qu'il n'y a véritablement chez eux que la loi *habeas corpus* (1) qui soit à

---

(1) Cette loi est relative à la liberté individuelle, et

l'abri de l'atteinte des intrigues ministérielles et qu'elle est le seul avantage positif résultant de leur merveilleuse constitution ; je ne crois pas , en effet, que cette loi ait été violée ou altérée, et de ce seul bien il découle assez d'avantages au gré de tout homme sage et réfléchi pour lui faire faire le sacrifice de beaucoup d'autres imaginaires.

Il est digne de remarque , pour l'observateur de l'esprit humain , que les hommes si jaloux en France , de la repression du pouvoir arbitraire , aient été assez aveuglés par leur vanité sur la propriété des institutions monarchiques , pour ne pas apercevoir que la résistance soit des anciens états de Bretagne, de Languedoc, d'Artois, etc., soit des parlemens , était infiniment plus réelle contre l'abus de l'autorité que celle des chambres de députés, à cause de la popularité dont jouissaient ces grands corps, chacun dans sa province ; elle était à un taux que ne saurait apprécier celui qui n'a pas vu les séditions qu'occasionnaient les exils des parlemens ou les clôtures forcées des états.

L'adoption faite par nos pères d'un pareil gouvernement, loin de devoir être considérée comme l'effet de l'ignorance des temps et d'une soumis-

---

peut être légalement suspendue dans les cas de troubles publics.

sion basse et servile à l'autorité souveraine , si-
gnale , au contraire , en eux un patriotisme
éclairé et une noble indépendance , source véritable de tous les sentimens généreux qui ont tant
illustré le nom Français.

Il nous sera , sans doute , objecté qu'on ne saurait espérer d'établir , sans beaucoup de peine ,
un système si opposé aux opinions en faveur aujourd'hui , et qui flattent autant l'amour-propre
des moyennes classes. Nous ne nous sommes
pas dissimulé cette difficulté , et nous n'oserions
espérer de la voir surmonter, si ce changement
ne devait être considéré comme d'un intérêt
commun à tous les souverains réunis pour con-
solider l'ordre social menacé d'invasion par les
idées libérales. L'ennemi du repos de l'Europe
vient d'être abattu par leurs efforts , mais leur
but ne serait point atteint, si le parti désorgani-
sateur était épargné; ses ambitieux projets renaîtraient sous d'autres formes, et l'Europe serait encore désolée par le délire démocratique.
L'intervention des puissances alliées, dans cet
intérêt particulier de la France , est une conséquence nécessaire du généreux dévouement qui
les a armées pour son repos, et ils ne doivent re-
garder leur tâche honorable complétement rem-
plie , que lorsque le légitime Roi sera affermi
par le rétablissement du légitime gouverne-

ment : la saine politique commande un respect
égal pour l'un et pour l'autre. Jamais occasion
ne fut plus favorable pour établir un code euro-
péen qui consacre le principe tutélaire de la so-
lidarité des trônes, et de l'inviolabilité du souverain, comme la sauve-garde de l'ordre social ;
nul peuple ne peut arguer du droit de la liberté
naturelle pour pouvoir se nuire impunément ;
l'exercice de ce droit, fût-il dans la nature, doit
s'arrêter au point où il devient dangereux pour
autrui. Tous les gouvernemens sont juges et
parties dans la cause de l'intérêt social (1) ; si les
états ont leurs conventions particulières, il doit
exister des lois générales, qui ne permettent pas
que les égaremens d'un peuple puissent com-
promettre la sûreté des autres. Ce n'est point
dans ce cas porter atteinte au droit individuel,
c'est au contraire le protéger. C'est la provi-
dence qui vient au secours des hommes pour rétablir le cours ordinaire des choses, troublé par
le désordre de leurs passions.

O vous, magnanimes souverains, qui prési-

____

(1) Tout patriote, choqué par ce principe salutaire,
serait aussi insensé que la personne qui, placée sur la
frontière de son pays, et aux prises avec des assassins,
élèverait des scrupules sur le droit qu'elle a de recourir
à ses voisins pour protéger son existence.

dez aux nouvelles destinées de la France, gardez-
vous de douter de l'influence qu'elles peuvent
avoir sur celles de l'Europe, et que les troubles
qui renaîtraient d'un incendie mal éteint, ne
dussent réagir de la manière la plus funeste sur
vos états. La garantie de vos trônes repose essentiellement sur le repos de la France et la
fixité de son gouvernement. Quel bien ne doit-
on pas espérer du phénomène de votre réunion
et de l'heureux accord de vos conseils ! Que le
souvenir d'une époque si merveilleuse soit à
jamais consacré par la fermeté de vos mesures et la fidélité à vos engagemens. Le moment est venu de proscrire la politique égoïste
qui a dégradé, aux yeux des générations passées,
le caractère de la majesté royale, égaré le jugement des peuples et corrompu leur morale. Les
princes aujourd'hui ont plus besoin de considération que de fortune, et leur loyauté est l'ancre
la plus sûre qui leur reste pour sauver des trônes
ébranlés par la tourmente révolutionnaire.